Sonja Hagen

Ich bin vollkommen

Das etwas *andere* Elternbuch

Irdana – Verlag für spirituelle Literatur von Frauen

www.irdana-verlag.de

ISBN 978-3-9813609-2-9
2. Auflage 2014

Umschlaggestaltung: Bo Krett, krett.at | design (Wien)
Coverillustration: © Ursula Draxler
Autorinnenfoto: © Foto Wilke (Wien)
Illustratorinnenfoto: © Ursula Draxler
Lektorat: Susanne Broos
Gestaltung und Satz: pixel.pfad (www.pixelpfad.de, Hamburg)
Herstellung / Druck: FontFront.com

Widmung

Für alle Kinder dieser Erde
und für alle Eltern, die den Mut haben
der Stimme ihres Herzens zu folgen

Jeder Mensch ist etwas ganz Besonderes: Ein Engel, der so mutig war, auf die Erde zu kommen. Dafür ist er wahrlich zutiefst geehrt und geliebt. Jeder ist dies, auch Du, geliebte Mutter, geliebter Vater. Auch du hast einmal voller Freude und Staunen diese herrliche Erde betreten! Achte und ehre dich dafür!

KRYON (übermittelt durch Barbara Bessen)

Inhalt

...LIEBE MICH WIE ICH BIN, DENN ICH BIN ZU DIR GEKOMMEN, UM DICH ZU LIEBEN...

Vorwort

Dieses Buch entstand aus Liebe zu den Kindern in diesem neuen erwachenden Zeitalter, welches einen Wandel unserer Vorstellungen, Werte und Verhaltensweisen erfordert.

Mit diesem etwas *anderen* Elternbuch möchte ich Sie ermutigen, Ihr Denken und Handeln von den kollektiven Glaubenssätzen zu befreien und der Kraft des Lebens und der Liebe zu vertrauen.

Die Geburt eines Kindes ist ein existenzielles Erlebnis und ein Geschenk. Nichts dabei geschieht zufällig. Bevor ein neuer Mensch zur Welt kommt, hat sich seine Seele entschieden zu inkarnieren – genau zu dieser Zeit, genau an diesem Ort, genau in diese Familie. Sie will sich hier auf Erden weiterentwickeln und Teil der menschlichen Evolution sein.

Kinder sind vollkommen, wenn sie geboren werden. Immer. Alles ist vorhanden, alles ist in ihnen angelegt. Alles ist so, wie es sein soll. Unsere Aufgabe als Eltern ist es, eine liebevolle Umgebung zu schaffen, in der sich die kindliche Seele entwickeln kann. Kindgemäß, altersgemäß und individuell. Die besten Wegweiser dabei sind unser Herz, unsere Intuition und Gelassenheit. Wenn wir auf diese inneren Stimmen hören, sagen sie uns, was richtig ist für unser Kind und unsere Beziehung zu ihm. Denn auch wir wachsen, wenn wir unser Herz öffnen und die Geschenke annehmen, die das Kind mitgebracht hat.

In meiner Arbeit mit Eltern erlebe ich oft große Unsicherheit im Umgang mit Kindern. Dies hat sowohl etwas zu tun mit den eigenen Kindheitserfahrungen als auch mit den zum Teil sehr unterschiedlichen Erziehungskonzepten. Angetrieben vom Wunsch als Eltern alles richtig zu machen, wird oft versucht das Leben mit Kindern auf der Ebene des Verstandes zu steuern.

Dieses Buch ist aus der Sicht des Kindes geschrieben. Es wurde mir von der geistigen Welt so vermittelt, hineingeflossen sind zudem meine Erfahrungen als Elterncoach und Mutter. Ich möchte Sie ermutigen, sich auf die Ebene einzulassen, auf der Kinder zu Hause sind, sich dem Fluss des Lebens hinzugeben und der Stimme Ihres Herzens zu vertrauen. Ich lade Sie ein, sich und Ihren Kindern ausreichend Raum, Zeit und Vertrauen zu schenken.

Lassen Sie sich von den Zeichnungen von Ursula Draxler berühren, die handgeschriebenen Botschaften unter den Zeichnungen finden Sie am Ende des Buches nochmals gesammelt als Beg*L*eitsätze wieder. Sie sollen Sie dabei unterstützen, Ihre tägliche Reise als Mutter oder Vater mit einem Lächeln zu begehen, und Ihnen als Hilfe dienen, um sich immer wieder in der Hektik des Alltags auf das Wesentliche zu besinnen. Damit Sie das Leben in Dankbarkeit als das Geschenk annehmen können, das es ist.

Sonja Hagen, Wien, März 2011

... SORGE DICH NICHT UM MICH.
ALLES IST IN MIR ANGELEGT. ALLES IST GUT...

Vertraue ins Leben und lass mich werden, wer ich bin!

Ich bin auf die Erde gekommen – wissend und bewusst. Manchmal kann ich mich sogar daran erinnern, dass ich es bin und wer ich schon gewesen bin. Aber noch ist es so, dass wir Menschen kurz nach unserer Geburt vieles vergessen. Fast alles genau genommen.

Wir Kinder legen euch als Eltern für gewisse Zeit die Verantwortung für unser junges Erdenleben in die Hand – so scheint es zumindest. Denn in Wirklichkeit verantworten wir natürlich, seit wir diese Inkarnation geplant haben, unser Leben und unsere Erfahrungen auf Erden selbst. Doch da wir uns dem Vergessen anheim gegeben haben, borgen wir uns vertrauensvoll eure Verantwortung für uns aus.

Dennoch gibt es eine Instanz in jedem Kind, die weiß, was zu tun und zu lernen ist. Und auf unsere ureigenste Weise gehen wir unseren Weg, aufmerksam und interessiert.

Du kannst mich deshalb am besten unterstützen, wenn du darauf vertraust, dass ich all das kann, was ich brauche, um groß zu werden. Ich schaue dir ganz genau zu, ich bin interessiert und ich tue mein Bestes, um mich prächtig zu entwickeln.

Ich bin vergleichbar einer Knospe in meiner Ganzheit angelegt. Die Knospe braucht nährstoffreichen Boden, Licht und Wasser. Auch ich wachse und gedeihe, entwickle mich ganz von selbst, wenn du mir gute Bedingungen zur Verfügung stellst.

Vor allem Liebe und Vertrauen und dafür danke ich Dir.

... DU MUSST MICH NICHT VOR DER WELT VERSCHONEN.
ICH BIN FREIWILLIG HIERHER GEKOMMEN...

Vertraue mir! Je mehr wir gemeinsam unser Leben erschaffen, umso leichter für uns beide

Ich bin als bewusstes Wesen geboren und daher liebe ich es, von Anfang an mitreden zu dürfen. Wenn du genau hinhörst, dann merkst du schon in der Schwangerschaft, dass ich mit dir kommuniziere. Als Neugeborenes mache ich dies auf etwas andere Weise, und je älter ich werde, umso mehr Möglichkeiten der Kommunikation stehen mir zur Verfügung.

Manche Erwachsene glauben aber, dass wir als Neugeborene und Babys nichts können und schon gar nichts verstehen. Wenn man Kindern das mit entsprechender Konsequenz vermittelt, glauben manche sogar selbst daran und versuchen im Laufe ihrer Entwicklung immer seltener mitzureden und ihr Leben mitzugestalten. Die meisten von diesen Kindern werden dann in der sogenannten Pubertät rebellisch.

Glaube mir, wenn du mir von Anfang an zuhörst und mir ein gewisses Maß an Selbstbestimmung erlaubst, dann ersparen wir uns das. Im Grunde genommen ist unser gesamtes Leben viel leichter und lustiger, wenn du mich mitgestalten lässt. In allen meinen Lebensbereichen und in dem Maße, wie ich es kann.

Wenn du dich von Anfang an darauf einlässt und mir vertraust, wirst du das richtige Maß finden. Auch darauf kannst du vertrauen. Ich danke dir dafür. Ich bin *ich* und du bist *du*. Gemeinsam sind wir *wir*.

... LASS DIR ZEIT UND ENTSPANNE DICH.
ICH WERDE SCHON VON SELBER GROSS ...

Vertraue dir!
Höre auf deine innere Stimme

Dein Mutter- oder Vater-Sein ist ein wunderbarer Spielplatz für deine Intuition. Kaum eine andere Berufung wird dich so exakt lehren, auf deine innere Stimme zu hören wie das Eltern-Sein. Das Wissen in dir ist zunächst vielleicht nur leise zu vernehmen. Aber es kann ein wesentlicher Leitfaden für dich sein.

Vertraue darauf, dass dein Herz weiß, was richtig ist. Und dass es weiß, wo du Hilfe bekommen kannst, falls du doch mal welche brauchst.

Verlasse dich auf dein Gefühl, wenn du mir in die Augen schaust. Hole dir Hilfe, wenn du merkst, dass du durch das Zusammensein mit mir an einem Thema von dir angelangt bist, das nach Auflösung strebt.

Aber im Wesentlichen folge der liebenden Stimme in dir. Solange die Liebe dich leitet, sind deine Fehler leicht zu verzeihen. Sie werden mir nicht schaden und wir beide werden daraus lernen.

... WAS IST DENN ZEIT? WER HAT DIE ERFUNDEN? ...

Schenke mir Zeit mit dir!

Heutzutage ist es fast schon üblich, dass Frauen wie Männer einer Arbeit nachgehen, die bestimmten äußeren Regeln folgt. Diese Regeln geben unter anderem vor, wie viel Zeit ihr Erwachsenen an eurem Arbeitsplatz verbringen müsst und welche Leistung ihr dort erzielen sollt. Dem Wohlergehen der Menschen schenken diese Regeln meist keine Aufmerksamkeit.

Wenn du als Erwachsene/r solchen und anderen gesellschaftlichen Regeln und Glaubenssätzen folgst, dann wirst du sie vermutlich für wichtig halten. Jetzt aber, wo ich an deiner Seite lebe, bringt dich diese Situation womöglich in eine Zwickmühle.

Du ahnst, dass es ein Geschenk wäre, dein Leben grundsätzlich mit mir zu teilen, also so viel Zeit wie möglich mit mir zu verbringen. Doch da ist die Stimme der Gesellschaft, die dir sagt, du sollst deiner Arbeit nachgehen, deine Karriere verfolgen, Geld verdienen. Vielleicht hast du ja auch tatsächlich Lust darauf.

Wenn du hin und her gerissen bist, bedenke, dass es nur wenige Jahre sind, in denen ich mir deine ganze Aufmerksamkeit wünsche. Nur wenige Jahre, in denen wir beide intensiv miteinander leben und lernen können.

Wenn ich alt genug bin, um Schritt für Schritt meine eigenen Wege zu gehen, wirst du die Wege und Möglichkeiten, die sich dir dann eröffnen, aus einer vollkommen neuen Perspektive betrachten. Du wirst sehen, wie sehr du dich weiterentwickelt hast. Und vor allem hast du Lebenszeit mit einem wunderbaren Wesen verbracht und Erfahrungen gewonnen, um die du dich reicher gemacht hast.

Ich wünsche dir und mir, dass du mutig bist, uns beiden Zeit zu schenken. Zeit, die uns Gelassenheit im Miteinander-Da-Sein ermöglicht und Zeit, die mir erlaubt, meinen Weg in meinem Tempo zu gehen. Es sind doch nur ein paar Jahre.

Wenn du aber Lust hast, kurz nach meiner Geburt deinem Beruf, deiner Berufung nachzugehen, dann tue dies mit Freude und in Freiheit. Denn auf diese Weise kannst du die Zeit, die dir mit mir gemeinsam bleibt, genießen und musst sie nicht noch mit deinem schlechten Gewissen teilen.

Sorge dann aber bitte dafür, dass eine andere wunderbare Person an meiner Seite ist und ich in Ruhe meine ersten Erfahrungen zu Hause machen kann.

... WEISST DU EIGENTLICH, DASS ICH DICH GEWÄHLT HABE? ...

Sei achtsam mit mir und achte auf deine Worte!

Wenn ich neugeboren bin und mich verbal noch nicht ausdrücken kann, könntest du meinen, ich verstehe dich nicht. Aber so ist es nicht. Ich begreife dich mit meinem ganzen Wesen und vor allem mit meinem Körper. Und so wie ich dich begreife, kannst du auch mich erfühlen. Wenn du in der Stille hörst, wirst du sehen, wer ich bin. Wenn du mich berührst, lernst du, mich zu begreifen.

Ich höre deine Stimme. Ich nehme wahr, wie du die Stimme an mich richtest. Ich spüre, ob du aufmerksam bist oder ob deine Gedanken und Gefühle in dem Moment, in dem du mit mir bist und redest, bei jemand anderem sind.

Achtung, Respekt und Aufmerksamkeit lerne ich von dir, wenn du Windeln wechselst, beim Spielen, beim Spazieren gehen, beim Einfach-Miteinander-Sein. Wenn du ganz bei mir bist, mit mir sprichst und mir mit offenem Herzen und Interesse begegnest. Ich weiß, das ist viel verlangt. Du hast dich daran gewöhnt, während nahezu aller Beschäftigungen ein Telefon dabei zu haben und zum Beispiel während des Spazierengehens mit mir mit jemand anderem zu sprechen. Sei dir dessen bewusst, dass ich es bemerke. Ich nehme es wahr, wenn du nicht ganz bei mir bist mit deinen Gedanken, deinen Gefühlen, deiner Aufmerksamkeit.

Je jünger ich bin, umso mehr möchte und brauche ich deine ganze Aufmerksamkeit. Daraus lerne ich, mich mit dir und später mit anderen Menschen liebevoll zu verbinden. Ich lerne, mich zu konzentrieren und jemandem Wertschätzung entgegenzubringen.

So kann ich auch lernen, auf deine Aufmerksamkeit für eine bestimmte Zeit zu verzichten. Nämlich, wenn du mich darum bittest und mir sagst, was du vor hast. Ich bin gerne für ein paar Minuten mit mir allein, während du etwas anderes erledigst. Nur sag es mir bitte klar und deutlich.

Wenn du klar und deutlich mit mir sprichst, machst du es mir leicht, dir deinen Wunsch zu erfüllen. Außerdem lerne ich von dir, mich selbst klar auszudrücken.

Erzähle mir, was deine Pläne für den Tag sind, und bereite mich darauf vor, was ich erleben werde.

Und bitte sprich nicht mit anderen Menschen über mich, während ich dabei bin. Das ist sehr unangenehm. Sobald ich sprechen kann, frage mich ruhig direkt, ich rede gern für mich selbst.

Viele Erwachsene legen den Fokus während eines Gespräches gern auf das Gegenüber, auf den anderen Menschen, und beginnen ihre Sätze mit »Du«. Mich setzen diese Sätze, die mit »Du« beginnen, wie zum Beispiel »Du sollst«, »Du hast schon wieder nicht«, »Du darfst nicht«, leicht unter Druck.

Viel einfacher machst du es mir, wenn du von dir sprichst. Erzähle mir, was du möchtest, was dich ärgert, worüber du dich freust. Dann kann ich ganz frei darauf reagieren und wir finden gemeinsam eine Lösung. Denn sobald ich sprechen kann, verhandle ich gerne mit dir. Das macht mir richtig Spaß und ich lerne dabei dich und deine Grenzen besser kennen. Das ist wichtig und sehr hilfreich für mich.

... HÖR MIR ZU. ICH SAGE DIR, WAS ICH BRAUCHE,
UM GLÜCKLICH ZU BLEIBEN ...

Hör mir bitte zu!

Ich mag es, dir zu erzählen, was ich erlebe, wie ich die Welt um mich empfinde. Ich lade dich ein, dabei zu sein, mein Er-Leben mit mir zu teilen. Schenke mir deine Aufmerksamkeit und höre mir zu. Dann wirst du viel über mich erfahren und große Freude mit mir teilen.

Unwillig werde ich, wenn ich den Eindruck gewinne, dass du nur so tust, als würdest du mir zuhören; wenn du gar nicht interessiert bist. Wie soll ich dann lernen, anderen Menschen und deren Erlebnissen Interesse zu schenken?

Wenn du aber an meiner Seite bist und mir mit offenen Ohren und einem offenen Herzen zuhörst, dann ist das für uns beide ein Geschenk. Und wenn du mal keine Lust auf Zuhören hast, dann sag es mir bitte klar und deutlich. Dann weiß ich, dass ich dir zu einem anderen Zeitpunkt wieder meine Geschichten erzählen darf.

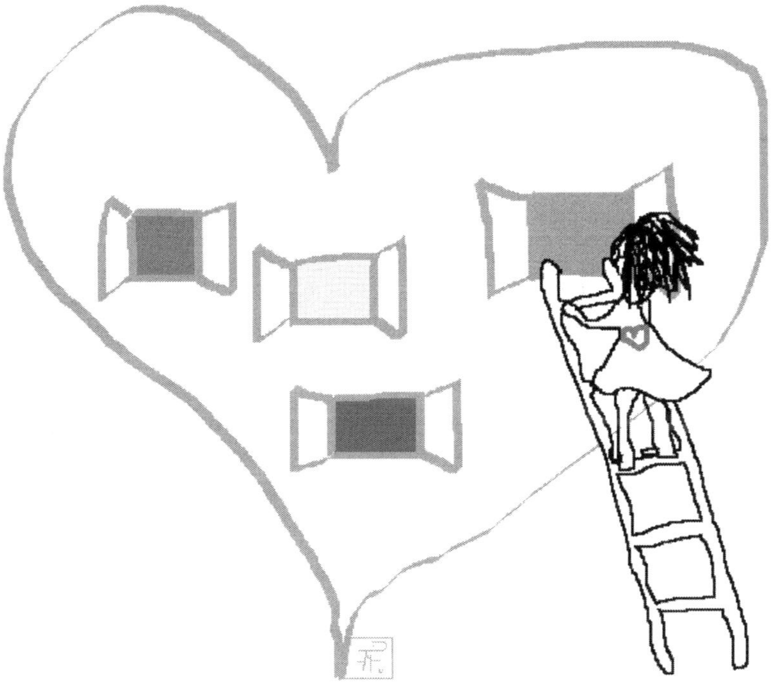

... ZEIGE MIR ALLES, WAS DIR GEFÄLLT. ALLES, WAS DU LIEBST.
ICH MÖCHTE ES KENNENLERNEN ...

Komm und spiel mit mir!

Ich spiele gern mit dir. Im Spiel lerne ich viel über dich und das Leben. Ich probiere aus und übe, immer und immer wieder. Ich kann nichts falsch machen und doch alles versuchen. Je mehr du mit mir spielst, umso mehr hilfst du mir, auf lustige und einfache Weise das Leben und seine Spiel-Regeln zu be-greifen.

Und dann und wann spiele ich auch gern nur mit mir allein. Ich erzähle mir selbst von meinen Erlebnissen, von meinen Träumen und von meinen Phantasien.

Wenn ich spiele, ist fast alles möglich. Ich kann meine Träume verwirklichen und all meine Phantasien zum Leben erwecken. Auf dieser Basis lerne ich zu kreieren, mir mein Leben so zu erschaffen, wie ich es möchte. Und je mehr du mich dabei begleitest, einfach frei zu erschaffen, umso mehr kannst du mich unterstützen, genau diese Möglichkeit, die das Spielen uns bietet, für mein ganzes Leben aufrechtzuerhalten.

Erwachsene, die aufgehört haben zu spielen, haben – ohne es zu wissen – den Zugang zum Kreieren ihres eigenen Lebens aufgegeben. Die Freiheit, das eigene Leben immer wieder neu zu erschaffen, liegt im Spiel, im Träumen und in der damit verbundenen Leichtigkeit. Deshalb spiele mit mir!

Wie weit darf ich gehen?

Lass mich wissen, was du magst und was du nicht magst. Vermittle es mir klar und deutlich und am besten in Ruhe. Die Art und Weise, wie du mir deine Grenzen zeigst, lehrt mich, auch meine Grenzen kennen zu lernen und auszudrücken.

Ich schaue dir vieles ab und ich beziehe mich auf dich. Somit auch auf deine Grenzen.

Indem du mir deine Grenzen zeigst, kann ich darauf vertrauen, dass du gut für dich sorgst. Das ist sehr wichtig. Für dich und auch für mich. Denn wenn wir beide gut für uns sorgen und dies respektieren, dann haben wir es auch gut miteinander.

Lass dich nicht beirren, wenn ich manchmal deine Grenzen austeste und nicht sofort akzeptiere. Dies ist ein wichtiger Lernprozess für mich. Ich teste in solchen Momenten meine Kraft wie auch deine. Ich überprüfe, wie sicher deine Grenze ist und wie viel Sicherheit sie mir bietet. Und irgendwie macht es auch Spaß, manchmal meine Kräfte mit den deinen zu messen.

Ich bin dir dankbar für klare Grenzen und freue mich doch, wenn du manchmal mit mir verhandelst und mir die Möglichkeit gibst, auch meine Wünsche mit deinen Grenzen in Einklang zu bringen.

Dankbar bin ich dir auch für die Grenzen, die mich schützen. Manches, was du als Gefahr für mich erkennst, würde ich nicht als solche sehen. Ich erfreue mich am Ausprobieren und Kennen lernen und je mehr ich mich auf dein Wissen um Gefahr und Sicherheit verlassen kann, umso rascher kann ich wachsen.

Achte aber bitte darauf zu unterscheiden, wo sich deine persönlichen Ängste einmischen. Diese sind für uns beide nicht hilfreich. Dich machen sie eng und mir versperren sie den Weg, die Welt in Freiheit und mit Freude und Selbst-Sicherheit zu erkunden. Hülle dich und mich in Licht und atme gut aus, wenn du entdeckst, dass eine Angst von dir im Spiel ist. Dann wirst du sehen, es geht alles gut und auch du lernst wieder, dem Leben ein Stückchen mehr zu vertrauen.

Du kannst mir mehr zutrauen als du denkst! Nur keinen Stress

Lass los. Ich sorge für mich selbst. Klar, ich brauche deine Unterstützung, die Grenzen, die du mir zeigst, und deine Begleitung. Doch im Wesentlichen weiß ich, wer ich bin und was ich hier auf Erden lernen will.

Vertraue mir und gib mir die Zeit, die ich brauche. Mit deiner Hilfe und deiner Liebe an meiner Seite kann nichts schiefgehen. Da bin ich sicher. Ich lerne, was ich für meine Aufgabe im Leben brauche. Ich finde meinen Weg.

... WISSE, DASS ICH GROSS BIN ...

Weißt du, wie die Bäume sprechen?

Du liest mir Märchen vor, denn du hast gehört, dass Märchen für Kinder wichtig sind. Wir Kinder brauchen Märchen, denn in diesen Geschichten gibt es sie, die Feen und Elfen, die Engel, Hexen und Zauberer. Dort dürfen sie existieren, und dort haben sie auch die Zeiten überdauert.

In der sogenannten realen Welt haben sie jedoch schon lange keinen Platz mehr. Ge-naugenommen habt ihr Erwachsenen sie aus eurem Leben verbannt. Auch uns Kindern gewährt ihr die Freude an Elfen und Hexen nur in Märchen und nur ein paar wenige Jahre lang. Dann seid ihr eifrig dabei, uns auszureden an diese Gestalten zu glauben. Und wenn wir weiter daran glauben, werden wir nicht selten ausgelacht.

Nimm doch einfach mal ein Märchenbuch zur Hand und lass dich ins Reich der Feen entführen. Öffne dein Herz für die Möglichkeit, dass vielleicht viel mehr Wesenheiten auf dem Planeten Erde leben, als du es bislang für möglich gehalten hast, und dass auch dir mehrere Dimensionen der Wirklichkeit zugänglich sind.

Du hast die Möglichkeit, sie kennenzulernen. Wenn du mit mir spazieren gehst und dich mit mir an den Blumen freust, ist es ganz leicht, die wunderbare leichte Energie der Naturwesen zu erfahren. Geh mit mir zu einem Baum, berühre ihn, setze dich zu seinen »Füßen« und du wirst bemerken, dass du etwas empfindest. Etwas, das der Baum dich spüren lässt.

Wir Kinder erleben uns selbstverständlich als Teil dieser lebendigen Natur. Wenn ihr Großen uns diese Verbundenheit mit allem Leben auf der Erde nicht verwehrt, dann können wir euch vieles zeigen. Geh mit mir auf Erfahrungsreise, lebe mit mir den Respekt vor allem Lebendigen und wir können gemeinsam horchen, wie die Bäume sprechen.

... HAST DU SCHON MAL WAS VON STRESS GEHÖRT? ...

Lass es dir gut gehen mit mir!

Wir Kinder sehen mit Bedauern, dass viele von euch Großen so viel arbeiten. Das wäre an sich nicht weiter schlimm, wenn Arbeit für euch gleichgesetzt wäre mit Freude und nicht über die Grenze der Anstrengung hinausginge.

Das ist aber nicht so. Ihr macht sehr oft eine Trennung zwischen Arbeit und Freizeit – und neuerdings stresst euch sogar beides. Denn ihr packt viel zu viel Programm in eure Tage.

Denkt doch daran, es sind *eure Tage – eure Lebenstage*. Und natürlich unsere gemeinsamen Tage. Es scheint so, als müsstet ihr so viel tun. Doch wenn du wahrhaftig bist, dann erkennst du, dass ein großer Teil davon ein Ablenkungsmanöver ist. Ablenkung vom Sinn des Lebens, nämlich von der Freude.

Wenn es euch gelingt, Arbeit und Freizeit nicht unterschiedlich zu bewerten und beruflich genau das tun, was euch Freude macht und in einem Ausmaß, das euch gut tut, dann seid ihr angekommen. Angekommen auf eurem ganz persönlichen Weg im Leben.

Und dann wirst du sehen, dass ich auch da bin – auf meinem Weg, denn ich bin noch nicht davon abgewichen. Dann wirst du bemerken, wie gut es dir tut, Zeit mit mir zu verbringen. Einfach gemeinsam da sein. Das ist so schön und bringt uns näher an die Quelle als dein Verstand dir jetzt zu denken möglich macht. Deshalb arbeite nicht soviel und lass es dir mit mir gut gehen.

... LASS MICH DIR ZEIGEN, WER ICH BIN ...

Sieh mich mit deinem Herzen!

Schließe deine Augen – für einen Moment – und öffne dein Herz, um mich zu sehen und du wirst staunen: Denn durch dein Herz, da siehst du mich – und dich. Je mehr du dich auf deinen Herzensblick einlässt, umso mehr nimmst du auch dich selbst wahr.

... ERKENNST DU DAS GESCHENK,
DAS ICH DIR MITGEBRACHT HABE? ...

Ich bin die Liebe

Ich bin die Liebe. Und was ich dir mitgebracht habe sind Geschenke – vergleichbar mit rohen Goldklumpen. Ich schenke sie dir aus Liebe, und indem du sie annimmst, formst du dieses Gold – jedes Stück – zu einer bestimmten Figur. Es nimmt durch dich Gestalt an und am Ende hast du wundervolle Gebilde aus purem Gold mit auf deinem Weg.

Jede vermeintliche Herausforderung, das, was du als Schwierigkeit oder gar Problem begreifst, ist tatsächlich ungeschliffenes Gold und wartet darauf, von dir bearbeitet zu werden.

Einige von diesen Goldstücken hast du dir selbst mit ins Leben genommen – aus Liebe zu dir. Manche schenken dir die Menschen, die dich lieben – so wie ich. Ich habe als dein Kind einen Ehrenplatz und darf dir ganz besonders meine Liebe und Anerkennung auch auf diese Weise zeigen.

Manche dieser Goldstücke lassen sich leicht bearbeiten. Sie schmelzen fast von selbst in ihre Form, wenn du sie nur ansiehst. Andere wiederum verlangen mehr Zuwendung, Geduld und Ausdauer.

Doch vergiss nie, dass sie alle dir geschenkt werden aus Liebe.

Somit sind alle Schwierigkeiten, die ich dir vielleicht im Laufe unseres gemeinsamen Lebens beschere, in letzter Instanz reine Liebeserklärungen. Ich gebe dir und mir die Möglichkeit aneinander und miteinander zu wachsen und freue mich, wenn wir die Quelle der Freude hinter allem sehen.

... NUR WIR KÖNNEN EINANDER GLÜCKLICH MACHEN.
UND WIR KÖNNEN ES ...

BegLeitsatze

Du musst mich nicht vor der Welt verschonen. Ich bin freiwillig hierher gekommen.

Lass dir Zeit und entspanne dich. Ich werde schon von selber gross.

Was ist denn Zeit? Wer hat die erfunden?

Lass mich dir zeigen, wer ich bin.

Hör mir zu. Ich sage dir, was ich brauche, um glücklich zu bleiben.

Zeige mir alles, was dir gefällt. Alles, was du liebst.
Ich möchte es kennenlernen.

Nur wir können einander glücklich machen. Und wir können es.

Hast du schon mal was von Stress gehört?

Wisse, dass ich gross bin.

Sorge dich nicht um mich. Alles ist in mir angelegt. Alles ist gut.

Weisst du eigentlich, dass ich dich gewählt habe?

Liebe mich, wie ich bin, denn ich bin zu dir gekommen,
um dich zu lieben.

Erkennst du das Geschenk, das ich dir mitgebracht haben?

Über die Illustratorin

Ursula Draxler erlebt ihre Arbeit als Projektionsfläche für die Schönheit in der Welt.

Malen ist für sie ein Weg des Sichtbarmachens dieser Schönheit.

»*… aus der freude heraus kreieren …*
mit jeder faser meines wesens –
und mein lachen sich ausdehnen lassen in dieser welt …«

Für das vorliegende Buch hat Ursula Draxler die von Sonja Hagen in Beg*L*eitsätze formulierten Botschaften in sich wirken lassen und zeichnerisch umgesetzt.

Mehr Informationen finden Sie unter www.ursula-kunst-im-leben.at

Über die Autorin

Mag.[a] Sonja Hagen ist Mutter von einer Tochter und einem Sohn. Sie hat u.a. Psychologie, Pädagogik und Religion studiert. Sonja Hagen arbeitet als Coach und spirituelle Vermittlerin in freier Praxis und verfügt über langjährige Erfahrungen im Unterrichten von Kindern, Jugendlichen und Erwachsenen.

Als Psychologin und Visionärin beschäftigt sie sich seit mehr als 15 Jahren mit der Beziehung und Kommunikation zwischen Mensch und Delfin und wandte sich auf ihrer spirituellen Reise der Lichtarbeit und der Erschließung neuer Ebenen der Bewusstheit zu.

2009 gründete sie »dolphin wings« und entwickelte die Methode »dolphin healing« – einen neuen, einfachen und wirkungsvollen Weg zu Wohlbefinden und Bewusstwerdung. Ihr Anliegen ist es, andere Dimensionen der Realität sichtbar zu machen und Menschen darin zu unterstützen, vertrauensvoll der Stimme ihres Herzens zu folgen.

Sonja Hagen leitet Seminare und Rituale und hat im Herbst 2011 im Rahmen der »dolphin wings academy« eine Waldschule für Kinder und Jugendliche eröffnet.

Mehr Information finden Sie unter www.dolphinwings.com.

Irdana
spirituelle Literatur von Frauen

Weitere Bücher aus dem Irdana-Verlag ...

www.irdana-verlag.de

Sabrina Gundert
Auf dem Herzensweg
Lebensgeschichten spiritueller Frauen

Originalausgabe
196 Seiten, broschiert
19,90 € (D)
21,50 € (A)
ISBN
978-3-9813609-6-7

Vom Mut, den eigenen Weg zu gehen

Zehn Frauen, zehn ganz unterschiedliche Lebenswege. Und doch gibt es einen roten Faden, der sich durch alle Porträts in diesem Buch zieht: Der Wunsch, der Sehnsucht des Herzens zu folgen und einen ganz eigenen, authentischen Weg zu gehen.

Die Wege von Annette Kaiser, Anna Platsch, Jwala Gamper, Schwester Elke Stein, Cambra Skadé, Sandra Franz, Sylvia Kolk, Anando Würzburger, Andrea Steimer und Marie-Luise Stiawa sind selten geradlinig und häufig von überraschenden Wendungen geprägt. Gerade deshalb sind sie inspirierend für alle, die *ihren* Herzensweg gehen wollen. Zugleich machen sie Lust und Mut, den ersten Schritt zu tun, sich von Zweifeln und Unsicherheiten nicht beirren zu lassen und voller Freude und Zuversicht ein erfülltes Leben zu wagen.

Ermutigend

Ein berührendes Buch über ein Leben mit der Diagnose Krebs. Sandy Boucher beschreibt mit leichter Hand und großer Offenheit, wie sehr ihr Meditation und die buddhistische Praxis bei der Bewältigung der Krankheit und all ihrer Folgen geholfen haben. Ermutigend für Erkrankte und inspirierend für alle Menschen, denen das Thema »Leben und Tod« am Herzen liegt.

Sandy Boucher
Im Herzen des Feuers
Eine Buddhistin begegnet dem Krebs

Neuausgabe, aus dem amerikanischen Englisch von Karin Petersen, 228 Seiten, broschiert, € 15,90 (D) / € 16,40 (A)
ISBN 978-3-9813609-0-5

Jutta Westphalen (Text)
Amarata Sol (Bilder)
Engel

Kartenset mit
Meditationsanleitung
14,50 € (D) / 15,90 € (A)
ISBN 978-3-9813609-7-4

Engelbotschaften

Sieben Engelwesen sind in diesem Set versammelt, deren Energie Amarata Sol sensibel in ihren Bildern eingefangen hat. Jutta Westphalen hat zu jedem Engel unterstützende, heilende, mutmachende und lichtbringende Botschaften empfangen und sie in Worte gefasst. Botschaften, die ebenso wie die Bilder direkt zu unseren Herzen sprechen.

Ein kraftvolles, liebevoll gestaltetes Kartenset mit Meditationsanleitung, das zur Begegnung mit den Engelwesen einlädt.